Conni hînî ajotina biskilêtê dibe

Conni lernt Rad fahren

Çîrok Geschichte
Liane Schneider

Wêne Bilder
Eva Wenzel-Bürger

Werger Übersetzung
Abdullah Incekan

Zing! Zing! Zing! Ev çend roj in Anna bi quretî biskilêta xwe ya nû ya hêşîn virde û wêde diajo. Li serê wê kaskekî zer î rind heye. Û divê Conni hê jî scootera xwe ya kevn biajo.

Klingelingeling – stolz kurvt Anna schon seit Tagen mit ihrem neuen blauen Fahrrad herum. Auf dem Kopf hat sie einen total schicken gelben Radhelm. Und Conni muss immer noch mit ihrem alten Roller fahren!

Biskilêteke Conni jî heye, yeke keskesor û bi sê teker (dûlab). Lê êdî jê re piçûk e. Jixw erebeyeke wê jî heye, yeke wek hîvê. Lê ji bo erebeyeke xişkirinê ya wek vê êdî ew ji zû de mezin e. Dayê dixwaze, ku ew wê bide birayê xwe yê piçûk, Yaqûb. Conni naxwaze. Lê gava biskilêteke wê wek ya Annayê hebûya, wê erebeya hîvî diyarî Yaqûb bikira.

Conni hat auch ein Rad – ihr rot-grünes Dreirad. Damit ist sie viel gefahren. Aber jetzt ist sie zu groß dafür. Conni hat sogar ein Auto, ihr geliebtes Mondauto. Doch für so ein Rutscheauto ist sie eigentlich schon lange zu alt. Mama will, dass sie es ihrem kleinen Bruder Jakob schenkt. Conni mag nicht. Aber wenn sie so ein Fahrrad wie Anna hätte, würde sie Jakob das Mondauto sofort schenken.

Lîstina bi Annayê re qet li xweşa Conniyê naçe. Hertim ew bi biskilêta xwe ya rind firr dide û tê. Anna carna bi comerdî dihêle Conni jî biajo. Lê gava Conni li biskilêtê siwar dibe, serê gavê li erdê dikeve. Anna pê digre. Îcar Conni dikare lê siwar bibe. Ew pê li pedalan dike. Biskilêt virde wêde diheje. Heta ji Conni tê, rind bi serê biskilêtê digre.

Conni macht das Spielen mit Anna gar keinen Spaß mehr. Immer kommt sie mit ihrem tollen Rad angeflitzt! Großzügig lässt Anna Conni auch mal fahren. Doch das Rad kippt immer um, wenn Conni aufsteigen will. Anna hält es fest. Jetzt kann Conni aufsteigen. Sie tritt in die Pedale. Das Rad wackelt hin und her. Conni hält den Lenker fest, so gut sie kann.

Heywax, li pêşiya wê sênc heye! Conni diqêre: "Anna, meriv çawa fren dike?"
Pê re nagihîne, ew hema li sêncê diqelibe. Çoka wê xwîn dibe.
Ciyekî biskilêta Annayê rêş bûye. Anna pê re hêrs dibe û Conni jî bi girî diçe malê.
Dayê çoka Conniyê band dike. Piştî demekê, êdî qet naêşe jî.

Da ist der Zaun! »Anna, wie bremst man?«, schreit Conni.
Zu spät – schon ist sie gegen den Zaun gefahren.
Ihr Knie blutet. Annas Fahrrad hat einen Kratzer.
Anna schimpft und Conni läuft weinend nach Hause.
Mama klebt ein Pflaster auf Connis Knie.
Es tut bald gar nicht mehr weh.

Lê Conni dîsa jî xemgîn e. Biskilêta wê ba, ev tişt nedihat serê wê. Zînê biskilêta Annayê zêde bilind e. Nigên Conniyê nagihên erdê. Eger ne wisa ba, miheqeq wê yê bikarîbûya fren bikira. Conni pir zêde dixwaze ku biskilêteke wê jî hebe! Loma navê wê, di lîsteya diyariyên ji bo rojbûna xwe de gelek mezin dinivîse. Û her cara ku ew bi dayê re diçe tiştan bikire, hema ew direve dikana biskilêtan. Biskilêta pembe û mor li xweşa wê diçe. Tenê hinekî mezin e. Ya hêşîn û zîvîn jî li xweşa Conniyê diçe. Lê herî zêde biskilêta sor a bi zengilê rind diecibîne. Him di kêlekê de du tekerên alîkar jî pê ve hene. Meriv bi saya wan êdî ewqas zû li erdê nakeve. Conni tim wê nîşanî dayê dide. Roja şemiyê ew dixwaze wê biskilêtê nîşanî bavo jî bide. Lê êdî ne li ciyê xwe ye! Conni gelekî xemgîn dibe.

Aber Conni ist trotzdem traurig. Mit einem eigenen Rad wäre ihr das bestimmt nicht passiert! Annas Sattel ist viel zu hoch. Connis Füße kommen nicht auf die Erde. Sonst hätte sie bestimmt bremsen können. Conni wünscht sich so sehr ein eigenes Fahrrad. Sie schreibt es ganz groß auf ihre Geburtstags-wunschliste. Und jedes Mal wenn sie mit Mama einkaufen geht, läuft Conni zum Fahrradladen. Das rosa-lila Rad gefällt ihr. Es ist nur etwas zu groß. Conni findet auch das blau-silberne Rad schön. Doch am meisten mag sie das rote Rad mit der schönen Klingel. Es hat sogar Stützräder. Da fällt man bestimmt nicht so leicht um. Conni zeigt es Mama immer wieder. Am Samstag will sie auch Papa ihr Lieblingsrad zeigen. Aber es ist nicht mehr da! Conni ist ganz unglücklich.

Şeva pêşiya rojbûna xwe Conni nikare rakeve. Gelo ewê bibe xwediya biskilêtekê?

Am Abend vor ihrem Geburtstag kann Conni nicht einschlafen. Ob sie wohl ein Fahrrad bekommt?

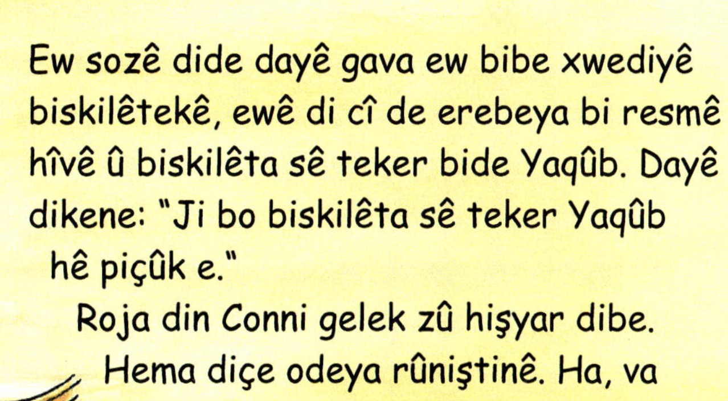

Ew sozê dide dayê gava ew bibe xwediyê biskilêtekê, ewê di cî de erebeya bi resmê hîvê û biskilêta sê teker bide Yaqûb. Dayê dikene: "Ji bo biskilêta sê teker Yaqûb hê piçûk e."

Roja din Conni gelek zû hişyar dibe. Hema diçe odeya rûniştinê. Ha, va ye ew li wir e! Biskilêta sor a bi zengilê xweşik! Û li kêleka wê jî kaskekî sor ê biskilêtê heye. Ew bi kêfxweşî dayê û bavo hemêz dike. Divê herdu zû kincên xwe li xwe bikin: Conni dixwaze biskilêtê biajo!

Sie verspricht Mama, dass sie Jakob sofort das Mondauto und auch noch das Dreirad gibt, wenn sie bloß ein Fahrrad bekommt. Mama lacht: »Für das Dreirad ist Jakob noch zu klein.« Am nächsten Morgen wacht Conni ganz früh auf. Sie läuft gleich in das Wohnzimmer. Da steht es! Das rote Fahrrad mit der tollen Klingel! Und daneben liegt ein knallroter Fahrradhelm. Glücklich umarmt Conni Papa und Mama. Beide sollen sich nun sofort anziehen: Conni will doch Fahrrad fahren!

Bavo bi kêfxweşî bi Conniyê re diçe derve. Pêşîn ew zînê biskilêtê li gorî mezinbûna Conni eyar dike. Peyre ew alî Conniyê dike ku kask bide serê wê. Bavo nîşanî Conniyê dide ka meriv pedalan û frêna destan çawa bikar tîne.

Lachend geht Papa mit Conni nach draußen. Zuerst stellt er den Sattel auf Connis Größe ein. Dann hilft er Conni beim Aufsetzen des Helmes. Papa zeigt Conni, wie man mit der Handbremse und den Pedalen bremst.

Bavo dibêje: "Ji bo ku tu bikaribî li kêleka rê bisekinî û erebe li te nexin, ev muhîm e." Ji xwe Conni êdî bi xwe jî dizane frênkirin çiqas muhîm e. Çoka wê hîna jî herişî ye. Conni êdî dikare biajo. Pir hêsan e. Biskilêt naheje.

»Das ist wichtig«, sagt Papa, »damit du am Straßenrand sofort anhalten kannst und nicht vor ein Auto rollst.« Conni weiß schon selbst, wie wichtig das Bremsen ist. An ihrem Knie ist immer noch etwas Schorf. Jetzt kann Conni losfahren. Es geht ganz leicht. Das Rad wackelt gar nicht.

Conni danê sibehê biskilêta xwe diajo. Piştî nîvroyê ew erebeya hîvê tîne û diyarî Yaqûb dike. Yaqûb dibêje “Erebe, erebe” û hema xwe diavêje ser. Conni nîşanî wî dide ka ew bi nigên xwe çawa wê dehf bide. Piştî demeke kurt Yaqûb bi erebeya xwe di nav malê de diçe û tê. Tenê ew nizane dîreksiyonê baş bikar bîne. Loma jî çend heb dolabên malê derbê dixwin.

Den ganzen Vormittag fährt Conni mit ihrem neuen Fahrrad. Nach dem Mittagessen holt sie das Mondauto und schenkt es Jakob. »Auto, Auto!«, ruft er begeistert und klettert gleich rauf. Conni zeigt ihm, wie er sich mit seinen Füßen abstoßen muss. Bald düst Jakob mit dem Mondauto in der Wohnung herum. Nur mit dem Lenken kommt er noch nicht zurecht. So haben die Möbel schnell ein paar Kratzer mehr.

STOP

Eine Weile fährt Conni glücklich mit ihrem Fahrrad herum. Dann hat sie ein neues Problem. Die großen Kinder, die aus der vierten Klasse, bringen ihre Räder mit in die Schule. Sie üben für die Radfahrprüfung. Und alle fahren ohne Stützräder. Conni will das sofort auch können, sonst kann sie ja später keine Radfahrprüfung machen. Sie braucht ein neues Fahrrad, eins ohne Stützräder! Ob man das rote Rad umtauschen kann?

Conni bîstekê bi kêf biskilêta xwe diajo. Peyre pirsgirêkeke wê çêdibe: Zarokên mezin ên sinifa çaran biskilêtên xwe bi xwe re tînin dibistanê. Ew ji bo ezmûna ajotina biskilêtê dixebitin. Û tevayiya wan bêyî tekerên alîkar diajon. Conni jî hema dixwaze bi vî awayî biajo, lewra wiha nebe ew nikare paşê têkeve îmtihana ajotina biskilêtê. Ji wê re biskilêteke din lazim e, yeke bê tekerên alîkar! Gelo meriv dikare biskilêta sor biguhere?

Fikreke dayê a baştir heye: Ew tekerên alîkar hema jê derdixe. Dûre bavo zexm bi zîn digre. Conni hinekî bi tirs lê siwar dibe. Bavo dibêje: "Netirse, ez bi te re dibezim." Conni diajo. Super e! Conni dibêje: "Ez dikarim biajom, yabo" û li pey xwe dinêre. Ew dibîne ku bavo êdî bi biskilêtê nagire. Ew derhal qeysa xwe xwar dike û li erdê dikeve. Conni hêrs dibe.

Mama hat eine bessere Idee. Sie baut die Stützräder einfach ab. Dann hält Papa das Rad am Sattel fest. Conni steigt etwas ängstlich auf. »Keine Angst«, sagt Papa, »ich laufe mit.« Conni fährt los. Es geht prima. »Ich kann es, Papa«, jubelt Conni und dreht sich um. Sie sieht, dass Papa das Rad gar nicht mehr festhält. Sofort verliert sie das Gleichgewicht und fällt hin. Conni ist sauer.

Îcar divê dayê pê bigre û sozê bide ku bernede. Divê dayê pê re bireve. Conni bêyî westan diajo. Hêdî-hêdî bi xwe bawer dibe. Dayê nîşanî wê dide ka divê pedal bi çi awayî bin, da ku meriv bi destpêka ajotinê re bi hêz be. Piştî demekê êdî ne lazim e kes pê bigre. Conni dikare biskilêtê biajo.

Nun muss Mama festhalten und versprechen, nicht mehr loszulassen. Mama muss tüchtig laufen. Conni fährt und fährt. Sie wird immer sicherer. Mama zeigt Conni, wie die Pedale stehen müssen, damit man beim Anfahren genug Schwung hat. Bald braucht wirklich niemand mehr festzuhalten.

Conni kann Rad fahren!

Îcar ew hemû tiştên ku wê ji zarokên sinifa çaran dîtibûn, tekrar dike. Ew bi tebeşîrê du xetan çêdike û diceribîne ku tam di navbera wan de biajo. Ev tişt ewqas jî ne hêsan e. Ew dixwaze di xelekan de biajo yan jî tam li pêşiya xetekê bisekine. Piştî demekê ew dikare li dora dayê û bavo wek reqema heştan jî biajo. Yaqûb şaş dibe.

Jetzt übt sie alles, was sie bei den Kindern der vierten Klasse beobachtet hat. Mit Kreide malt sie zwei Linien auf und versucht genau dazwischen zu fahren. Das ist gar nicht so leicht. Sie übt Kurven zu fahren und genau vor einer Kreidelinie zu bremsen. Bald kann sie sogar eine Acht um Papa und Mama herumfahren. Jakob staunt.

Rojekê, piştî nîvroyê, fikreke Conniyê ya gelek baş heye. Li parkê ew bi Annayê re gelek pêlîstokên qûmê belav dike. Îcar divê ew biceribînin li dora wan biajon, bêyî ku li wan biqelibin. Ha, hema li wir diqewime! Di quncikekê de pedala Annayê digihê erdê. Anna jî pê re xiş dibe û li erdê dikeve. Ew bi matmayin dibîne ku enîşka wê xwîn dibe. Anna digrî. Diçin cem dêya Conniyê û ew çengê Annayê pansûman dike. Conni jî hinekî şa dibe ku Anna jî carekê ji biskilêtê ketiye.

Eines Nachmittags hat Conni eine tolle Idee. Auf dem großen Platz beim Spielplatz verteilt sie mit Anna viele Spielsachen aus der Sandkiste. Nun müssen sie versuchen, um die Sachen herumzufahren, ohne sie zu berühren. Da passiert es! In einer engen Kurve schleift Annas Pedal auf dem Boden. Anna rutscht aus und fällt hin. Erschrocken sieht sie, dass ihr Ellenbogen blutet. Anna weint. Sie fahren zu Connis Mama. Die klebt ein Pflaster auf Annas Arm. Und Conni ist ein kleines bisschen froh, dass Anna auch einmal mit dem Fahrrad hingefallen ist.

Weil Conni nun so gut Rad fahren kann, machen Papa und Mama mit ihr am Sonntag eine Fahrradtour. Jetzt muss nur noch Jakob im Kindersitz sitzen. Conni fährt ohne Stützräder allein auf ihrem neuen Fahrrad. Und wenn Mama die Hand ausstreckt, um zu zeigen, dass sie abbiegen will, kann Conni das jetzt auch schon.

Ji ber ku Conni êdî gelek rind biskilêtê diajo, dayê û bavo roja yekşemê bi wê re tûra biskilêtê diavêjin. Êdî tenê Yaqûb di selikê de rûdinê. Conni bêyî tekerên alîkar, bi tena serê xwe biskilêta xwe diajo. Û Conni jî dikare eynî mîna dayê bike: Berî ku vegere, milê xwe bilind dike, ku nîşan bide ka wê bi kîjan alî ve biçe.